Hier bewegt sich was

Hier bewegt sich was

Eltern-Kind-Turnen und Kinderturnen
in Kindergarten, Schule und Verein

Im Wald

Illustrationen: Svetlana Unger

Meyer & Meyer Verlag

Redaktion: Susanne Jung
Autoren:
Susanne Jung
Michelle Lieberum
Heike Schnoor
Illustrationen: Svetlana Unger
E-Mail: SvetlanaUnger@gmx.de

Papier aus nachweislich umweltverträglicher Forstwirtschaft.
Garantiert nicht aus abgeholzten Urwäldern!

Im Wald

Bibliografische Information der Deutschen Nationalbibliothek
Die Deutsche Nationalbibliothek verzeichnet diese Publikation in der Deutschen Nationalbibliografie; detaillierte bibliografische Details sind im Internet über <http://dnb.d-nb.de> abrufbar.

Adelaide, Auckland, Budapest, Cape Town, Graz, Indianapolis,
Maidenhead, New York, Olten (CH), Singapore, Toronto
Member of the World
Sport Publishers' Association (WSPA)
Druck: B.O.S.S Druck und Medien GmbH
ISBN 978-3-89124-779-2
E-Mail: verlag@m-m-sports.com
www.dersportverlag.de

Inhalt

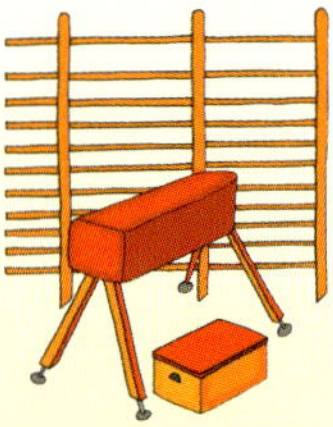

Urkunde

Kleber

Liebe Leserinnen, lieber Leser!

In den Sommermonaten lockt das schöne Wetter Kinder wie Erwachsene nach draußen – und genau dazu möchte diese PIPO-Ausgabe animieren. Warum sollte nicht einmal eine Turnstunde im Freien durchgeführt werden?!

Der Lebensraum Wald bietet eine Menge an Bewegungsmöglichkeiten für Kinder jeden Alters. Häufig ist das Anleiten von Spielen im Wald seitens der Übungsleiter, Erzieher oder Lehrkräfte gar nicht erforderlich, da der Aufforderungscharakter, den der Wald an sich bietet, für die Kinder immens ist. Somit entwickeln die Kinder ganz alleine tolle Spiel- und Bewegungsideen, die dann wiederum aufgegriffen und weiterentwickelt werden können.

Gerade diese Art der kindlichen Fantasie und Kreativität sollte unbedingt gefordert und gefördert werden. In der medialen Umwelt, in der viele Kinder hauptsächlich aufwachsen, ist es von großer Bedeutung, ihnen diese Freiräume im Rahmen der Turnstunden zu schaffen und zuzugestehen. Die Kinder werden auf diese Weise zu eigenen Gestaltern von Bewegungs- und Spielräumen. Sie erfahren, dass sie ihre Bewegungsräume aktiv und selbstständig gestalten können.

Aber es gibt natürlich auch eine Menge an Spiel- und Bewegungsideen, die man als Lehrperson/ Übungsleiter anleiten kann. In dieser Broschüre haben wir viele dieser Ideen zusammengetragen. Wie in den vorherigen Heften auch, kennzeichnen die Symbole, für welche Altersgruppe sich das jeweilige Spiel eignet.

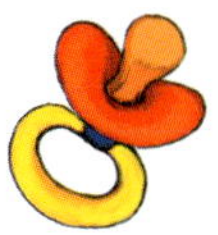

Schnuller

Eltern-Kind-Bereich
bis 3 Jahre

Teddy

Kindgartenalter
3-5 Jahre

Schultüte

Vorschulalter +
1./2. Schuljahr
5-8 Jahre

Kappe

3./4. Schuljahr
8-10 Jahre

Neben Spielideen, die nur explizit draußen im Freien stattfinden können, haben wir darüber hinaus auch Möglichkeiten zusammengestellt, die in der Turnhalle zum Thema „Wald" durchgeführt werden können.

Doch nun heißt es „Auf nach draußen, auf in den Wald"!

Viel Spaß beim Ausprobieren, Spielen und Toben wünscht

PIPO und das Autorenteam

Kurzporträt des Autorenteams:

Susanne Jung ...

... ist Grund-, Haupt- und Realschullehrerin. Neben dem (Sport-) Unterricht an der Schule ist sie Lehrbeauftragte am Sportinstitut der Justus-Liebig-Universität in Gießen für die Bereiche Sportförderunterricht und Bewegungserziehung. Darüber hinaus ist sie als Referentin in der Übungsleiter- und Lehreraus- und -fortbildung tätig. Susanne ist die Redakteurin der PIPO-Reihe.

Michelle Lieberum ...

... hat Soziologie und Sportwissenschaft studiert. Sie ist schon seit vielen Jahren als Übungsleiterin im Verein tätig. 2004 hat sie die Basisqualifikation Psychomotorik erworben und arbeitet seit drei Jahren in einem Kindergarten als Fachkraft für Bewegung.

Heike Schnoor ...

... ist examinierte Physiotherapeutin, Übungsleiterin, Referentin – und nicht zuletzt Mutter. Durch ihre Tochter kam sie zum Kinderturnen, wo sie seit einigen Jahren Kinderturnkurse und Kinderturnstunden mit Kindern jeden Alters leitet. Seit 2005 arbeitet Heike an einem Projekt zur Prävention vor Adiposita, Bewegungsmangel und Herz- und Kreislauferkrankungen im Kindes- und Jugendalter mit.

Fingerspiele

Fingerspiele verbinden Sprechen mit (fein-)motorischen Handlungen. In der Regel finden sie im Sitzkreis statt. Sie dienen zum einen dazu, Sprache zu „be-greifen", zum anderen kommt ihnen aber auch eine kooperativ-soziale Funktion zu.

Im folgenden Kapitel stellen wir zwei Fingerspiele vor: „Wurzelpurzel, die Waldzwerge" richtet sich in erster Linie an die Kleinsten in unseren Turnstunden.

Die „Rückenschnecke" kann gut im „Eisenbahn-Sitzkreis" durchgeführt werden. Hier hat jeder einen Vordermann, auf dessen Rücken er die Geschichte nachspielen kann und kann zudem auch gleichzeitig die Rückenmassage genießen.

WURZELPURZEL, DIE WALDZWERGE

– *Idee: Heike Schnoor* –

1 – 2 – 3 – 4 – 5 – 6 – 7 – 8 – 9 – 10,

Einzeln die Finger auf die Zehen setzen,

kleine Waldzwerge stehen auf den Zehen,

Füße strecken,

sie krixeln und kraxeln Stück für Stück.

langsam hochkrabbeln mit den Fingern,

Über die Beine, Bauch und Gesicht
und sind sie dann oben, zum Glück,
bis auf den Kopf,
rutschen sie den ganzen Weg
wieder zurück.

dann mit beiden Händen runterrutschen.

DIE RÜCKENSCHNECKE

– *Idee: Susanne Jung* –

Die kleine Schnecke ist im Haus,
Große Spirale auf den unteren Rücken malen.
Wie sieht es bloß dort drinnen aus?

Kein Besuch passt dort hinein,
Kleinere Spirale malen.
so muss die Schnecke doch einsam sein.

Doch, schau! – Ein kleiner Fühler kommt hervor!
Kleine, sanfte Striche auf den Rücken malen.
Nun kriecht sie die steile Wand empor.
Mit Fingerkuppen wie eine Raupe den Rücken emporkriechen.

Puh, geschafft!
Finger sind oben auf einer Schulter angelangt.

Oben macht sie eine kurze Rast
Handflächen liegen auf den Schultern.
und kriecht dann auf den nächsten Ast.
Finger kriechen weiter auf den Arm.

Kriecht ins Haus, legt sich zur Ruh
Handfläche bleibt auf dem Oberarm liegen.
und sperrt die Haustür ganz sanft zu.

LIEDER

Besonders im Eltern-Kind-Turnen kommt dem Singen eine besondere Bedeutung zu und wird dort häufig, zum Beispiel als Begrüßungs- und/ oder Abschlussritual, eingesetzt.

Unser Liedvorschlag „Komm, hol den Rucksack raus" kann als Erkennungslied für Waldturnstunden auf dem Weg in den Wald gesungen werden.

Die Melodie ist besonders älteren Kindern, aber auch den Eltern, bekannt, sodass der neue Text problemlos dazu gesungen werden kann.

Eine ebenfalls bekannte Melodie wurde für das Lied „Die Hasen hoppeln durch den Wald" zugrunde gelegt. Hier können die Kinder dazu aufgefordert werden, auch eigene Strophen zu dichten.

Die „Waldtrolle" zeigt ein Beispiel, wie sich klassische Musik im Kinderturnen ein- bzw. umsetzen lässt.

KOMM, HOL DEN RUCKSACK RAUS

– Text: Heike Schnoor –
– Melodie: Komm, hol das Lasso raus –

Komm, hol den Rucksack raus,

wir gehen in den Wald.

Wir wollen laufen um die Wette,

mit Tim, Tobi und Annette.

Wir wollen toben,

wir wollen klettern,

wir wollen einfach glücklich sein.

Komm, hol den Rucksack raus,

wir gehen in den Wald.

DIE HASEN HOPPELN DURCH DEN WALD

– Text: Susanne Jung –
– Melodie: Die Affen rasen durch den Wald –

1. Strophe:

Die Hasen hoppeln durch den Wald,
dem einen ist's warm, dem andern kalt,
die ganze Hasenbande brüllt:

Refrain:

I: Wer hat den Picknickkorb, wer hat den Picknickkorb,
wer hat den Picknickkorb geklaut? :I

2. Strophe:

Der Hasenpapa ist entsetzt,
er durch den ganzen Wald
lang hetzt,
die ganze Hasen-
bande brüllt:

Refrain

3. Strophe:

Die Hasenkinder, welche Not,
suchen überall ein Frühstücksbrot,
die ganze Hasenbande brüllt:

Refrain

4. Strophe:

Die Hasenmama sucht den Saft,
wer hat den Korb bloß weggeschafft?
Die ganze Hasenbande brüllt:

Refrain

5. Strophe

Die Hasenoma bleibt ganz cool,
sie schaukelt ruhig im Schaukelstuhl,
die ganze Hasenbande brüllt:

Refrain

6. Strophe:

Der Hasenopa zieht in den Wald,
vielleicht findet er den Korb ja bald,
die ganze Hasenbande brüllt:

Refrain

7. Strophe:

Die Hasentante kommt von fern,
sie mag das Picknick ja so gern,
die ganze Hasenbande brüllt:

Refrain

8. Strophe:

Das Hasenbaby, oh großes Lob,
hält in der Hand den Picknickkorb.
Die ganze Hasenbande brüllt:

I: Da ist der Picknickkorb, da ist der Picknickkorb,
es hat den Picknickkorb geklaut! :I

DIE WALDTROLLE

– Idee: Susanne Jung –

Dem Musikstück: „In der Halle des Bergkönigs" aus Peer Gynt liegt eine Geschichte von Henrik Ibsen zugrunde, in der es um Trolle und die Befreiung der Menschen von den Trollen durch Peer geht. Edvard Grieg setzte diese Geschichte musikalisch um. Sowohl die Musik als auch die Geschichte eignen sich sehr gut zum Einsatz in der Kinderturnstunde:

Zunächst wird den Kindern die Geschichte von Peer Gynt erzählt. Danach hören sie sich die musikalische Umsetzung an („In der Halle des Bergkönigs"). Sie beschreiben die charakteristischen Merkmale wie die Steigerung der Lautstärke und die Temposteigerung.

Im Anschluss wird der Takt des Musikstücks geklatscht. Dabei kann auch die Steigerung der Lautstärke in Bewegung umgesetzt werden.

Haben die Kinder ein Gefühl für den Takt des Stücks bekommen, gehen sie zunächst im Takt der Musik in der Halle umher. Klatschen oder akustische Unterstützung hilft den Kindern dabei, im Takt zu gehen.

Danach haben die Kinder die Möglichkeit, zur Musik freie Gestaltungsformen zu entwickeln.

WAHRNEHMUNG

In diesem Kapitel werden verschiedene Stationen vorgestellt, die in besonderem Maße die Wahrnehmung der Kinder fördern:

Sie erfühlen Baumrinden, hören Waldgeräusche und entspannen sich unter einer Blätterdecke entspannt.

Die Stationen lassen sich am besten direkt im Wald durchführen. Die meisten können aber auch in der Turnhalle stattfinden.

WALDGERÄUSCHE HÖREN

– Idee: Susanne Jung –

MATERIAL:

- Klemmbrett
- Papier
- Stifte
- Isomatte

AUFGABE:

Setze oder lege dich bequem auf die Isomatte. Wenn du möchtest, kannst du die Augen schließen.

Was hörst du?

Kennst du alle Geräusche?

Du kannst das, was du gehört hast, am Ende aufschreiben oder malen.

BAUMRINDEN FÜHLEN

– Idee: Susanne Jung –

MATERIAL:

- verschiedene Bäume oder Baumstämme
- Augenbinde

AUFGABE:

Zieh dir die Augenbinde über die Augen und lass dich dann zu den Baumstämmen führen!

Wie fühlen sich die verschiedenen Stämme an?

Erkennst du den jeweiligen Baum?

SPIEGELLAUF

– Idee: Susanne Jung –

MATERIAL:

- Spiegelfliesen

AUFGABE:

Halte dir den Spiegel unter die Nase, sodass du im Spiegel nur den Himmel sehen kannst.

Nun lass dich von deinem Partner durch den Wald führen.

Was siehst du?

Wie fühlt es sich für dich an, mit dem Spiegel durch den Wald zu gehen?

Irrgarten

– Idee: Heike Schnoor –

Material:

- Seil oder Wollfaden
- Augenbinden

Stationsaufbau:

Mit einem Seil oder Wollfaden werden Verbindungen zwischen Bäumen, Wurzeln und Sträuchern geknüpft.

Aufgabe:

Wenn du möchtest, kannst du eine Augenbinde aufziehen.
Nun taste dich an dem Seil entlang durch den Parcours.

WACKELWEG

– Idee: Heike Schnoor –

VORBEREITUNG:

Auf einer abwechslungsreichen Strecke, die über Stock und Stein geht (z. B. Baumstämme, Steine, Laubhaufen usw.), werden Blätter und Rindenstücke gelegt.

AUFGABE:

Gehe die vorgegebene Strecke entlang. Dabei sollten möglichst wenig Blätter und Rindenstücke herunterfallen.

VARIANTE:

Rindenstücke, kleine Stöckchen oder Blätter sollen währenddessen auf dem Kopf transportiert werden.

BÄUME LEGEN

– *Idee: Michelle Lieberum* –

VORBEREITUNG

Die Kindergruppe einigt sich auf einen Baum. Dann sammeln die Kinder ganz viele Äste und Stöcke.

AUFGABE:

Versucht, aus den Ästen und Stöcken den Umriss eines Baumes nachzulegen!

Schaut euch die Bäume hier in der Nähe an! Welchen Umriss könnt ihr legen?

HINWEIS:

Bei dieser Aufgabe ist eine gute Zusammenarbeit in der Gruppe gefragt. Sie ist auch gut für Eltern-Kind-Gruppen geeignet. Die Eltern können die Kinder bei der Entwicklung des Bauplans unterstützen.

VARIANTE:

Es ist auch möglich, die gesammelten Äste mit in die Turnhalle zu nehmen, um dort die Umrisse noch einmal nachzulegen.

BLÄTTERDECKE

– *Idee: Michelle Lieberum* –

VORBEREITUNG/MATERIAL:

Es werden möglichst viele heruntergefallene Blätter und trockenes Laub gesammelt.

Die Kinder gehen paarweise zusammen und erhalten einige Blätter.

AUFGABE:

Ein Kind legt sich auf einer Decke auf den Bauch. Das andere Kind deckt es mit Blättern zu. Wenn es die Blätter wieder wegnimmt, drückt es immer kurz vorher auf das Blatt, das als nächstes weggenommen wird. Anschließend werden die Rollen getauscht.

HINWEIS:

Diese Übung kann auch gut am Stundenende in der Turnhalle durchgeführt werden.

TANNENZAPFENTUPFEN

– Idee: Michelle Lieberum –

VORBEREITUNG/MATERIAL:

Für dieses Spiel müssen ausreichend viele Tannenzapfen gesammelt werden.

AUFGABE:

Die Kinder gehen paarweise zusammen und erhalten einen Tannenzapfen.

Nun setzt sich ein Kind mit geschlossenen Augen auf den Boden. Das andere Kind berührt es an fünf verschiedenen Körperstellen mit dem Zapfen.

Dann öffnet das Kind die Augen und benennt oder zeigt die fünf Körperstellen. Jetzt werden die Rollen getauscht.

VARIANTE:

Die Kinder erhalten eine Vorlage mit einem Körperumriss, in die sie die berührten Stellen eintragen.

BLINDSCHLEICHE

– Idee: Michelle Lieberum/Susanne Jung –

MATERIAL:

- Tau
- für ältere Kinder Augenbinden

VORBEREITUNG:

Mit einem langen Tau wird ein Weg durch den Wald (10-20m) gelegt. Das Tau kann mal höher, mal tiefer verlaufen, dicht an Büschen vorbei oder um Bäume geschlungen werden.

AUFGABE:

Die Kinder werden mit geschlossenen oder verbundenen Augen (nur wer möchte) an das Tau geführt. Sie sollen versuchen, sich bis zum Ende des Taus vorzutasten.

Wer es lieber zuerst mit offenen Augen versuchen möchte, kann dies gerne tun.

HINWEIS:

Diese Aufgabe eignet sich gut für Eltern-Kind-Gruppen: Die Eltern können die Kinder verbal begleiten oder ermutigen. Traut sich ein Kind gar nicht, mit geschlossenen Augen durch den Wald zu gehen, kann es von einem Elternteil geführt werden.

VARIANTE FÜR ÄLTERE KINDER:

Die Kinder halten sich als Schlange an den Schultern des Vordermannes fest. Der Übungsleiter führt nun die Gruppe durch das Gelände. Alternativ kann er auch nur verbal Anweisungen geben, wie die Gruppe zu gehen hat und welche Untergründe sie erwartet („Vorsicht, es geht bergauf!", „Der Boden wird uneben" usw.).

Bewegungsgeschichten

In diesem Kapitel stellen wir drei Bewegungsgeschichten vor, die besonders auf den Einsatz im Eltern-Kind-/Kleinkinderturnen abgestimmt sind.

Sie greifen die Thematik „Wald" auf, indem verschiedene Tiere des Waldes imitiert werden. Der Käfer Kuno nimmt die Kinder mit auf einen spannenden Streifzug durch den Wald.

Selbstverständlich können hier auch immer wieder Ideen oder Erfahrungen der Kinder eingebunden werden, um die Geschichten so zu „ihren" Geschichten werden zu lassen.

Tiere im Wald

– *Idee: Heike Schnoor* –

Die folgende Geschichte eignet sich besonders für Gruppen mit jüngeren Kindern als Mitmachgeschichte, sie kann aber auch gut als „Rückengeschichte" eingesetzt werden.

Springen wie ein Reh,

über Stock und Stein, manchmal auch im Schnee.

Fliegen wie die Vögel von Baum zu Baum,

das ist ein schöner Traum.

Klein wie die Maus flitzen wir hin und her,

schnell zu sein, das ist nicht schwer.

Die Käfer krabbeln

und wenn sie sich erschrecken,

fallen sie auf den Rücken und zappeln.

KÄFER KUNO

– Idee: Heike Schnoor –

Eines Morgens, als die Sonne mit ihren ersten Strahlen durch die Bäume schaute, wurde auch der kleine Käfer Kuno wach.

Er reckte und streckte sich erstmal ordentlich und dann öffnete er die Augen. Es scheint heute ein schöner Tag zu werden. „Mal sehen, was im Wald bei meinen Freunden so los ist“, dachte sich Kuno.

Da merkte er erst, dass er sich im Schlaf auf den Rücken gedreht hatte und nun mit all seinen Beinen ordentlich strampeln musste, damit er wieder auf die Beine kam.

Kurz mal die Flügel ausbreiten und hin und her schwingen, dann machte er sich auf den Weg zu seinen Freunden.

Zuerst hüpfte sein Freund Bocki, das Reh, an ihm vorbei. Aber Bocki hatte ihn schon längst gesehen und wünschte ihm guten Morgen und fragte Kuno, ob er ein Stück von ihm getragen werden möchte. Klar wollte er das und schon ging es los über Stock und Stein.

Kurz darauf trafen sie den kleinen Hasen Langohr. Zusammen mit Langohr hüpften sie über die Waldlichtung und freuten sich über den schönen Tag.

Dann erzählte Langohr, dass er ganz komische Spuren im Wald gefunden hatte. Irgendjemand hatte ganz viel Wiese und Blätter aufgeschoben. Da wollten die anderen beiden wissen, wo das ist. Zu dritt machten sie sich schnell auf den Weg.

Als sie an der Stelle ankamen, hörten sie ein Geräusch, das sich ein bisschen wie ein Grunzen anhörte – und es raschelte auch im Gebüsch. Wer das wohl war?

Da zeigte sich ein kleines Wildschwein, das mit seinem Rüssel nach Nahrung suchte. Kuno bekam es mit der Angst zu tun und flog schnell ein Stück weg. Bocki und Langohr waren mutig und fragten das Wildschwein nach seinem Namen. Wilbur hieß er und Wilbur fragte die anderen, ob er mit ihnen spielen könnte. „Na klar!", antworteten die drei und schon ging es los.

Wilbur schob ab und zu mit der Nase das Laub hoch, Kuno flog zwischen den dreien hin und her, Bocki sprang seine höchsten Sprünge und Langohr rannte superschnell und schlug auch ein paar Haken.

Die vier Freunde wurden mit der Zeit müde und machten sich auf den Heimweg, in alle Himmelsrichtungen gingen sie auseinander.

Vogel, Maus und Reh

– *Idee: Heike Schnoor* –

Ein Mäuslein geht mit kleinen Schritten,
Kinder gehen mit kleinen Schritten,

der Vogel kann mit dem Schwänzchen wippen.
wippen in den Knien,

Das Eichhörnchen rennt ganz flink und schnell umher,
rennen,

schleichen wie der Fuchs, das ist nicht schwer.
auf allen vieren schleichen,

Auf dem Boden schlängelt sich die Schlange,
schlängeln,

das Rehlein springt, als wär's ihm bange.
springen,

Kommt der Jäger in den Wald,
sich groß machen.

so verstecken sich die Tiere sehr bald.
Alle Kinder laufen weg und die Eltern fangen sie.

Kleingeräte – übliche und ungewöhnliche

Was bietet sich mehr an, als in diesem Kapitel „Waldmaterial" als Spielgeräte vorzustellen?

Häufig ist es jedoch gar nicht erforderlich, den Kindern konkrete Spiele an die Hand zu geben, denn je weniger strukturiert das Material ist, mit dem die Kinder spielen, desto mehr wird die eigene Fantasie angeregt. Gerade im Wald können die Kinder sehr viel von diesem finden: Tannenzapfen, Eicheln, Bucheckern, aber auch kleine Steine, Äste und Zweige.

Damit erfinden die Kinder eigene Spiele, erproben sie, reflektieren (häufig unbewusst) darüber und verbessern sie, bis sie schließlich „ihr" Spiel ge- oder besser gesagt er-funden haben.

Diese kindliche Kreativität sollte unbedingt gefördert werden, bevor die Kinder vorgegebene Spiele spielen!

WURFKASTANIEN

– Ideen: Heike Schnoor –

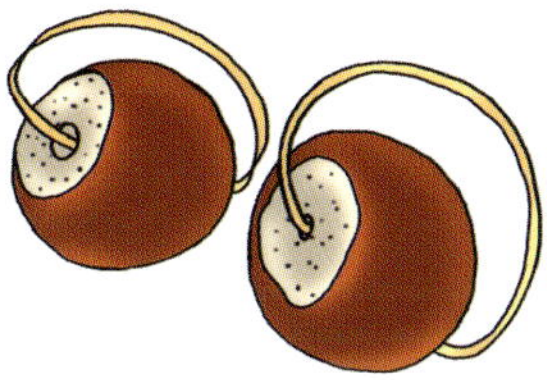

In die Kastanien werden kleine Löcher gebohrt In dieses Loch wird Gras oder Schilf hineingedreht.

Nun werfen die Kinder ihre Wurfkastanien. Wie fliegen die Kastanien? Wo landen sie? Wer kommt am weitesten?

STEINFIGUREN

Die Kinder sammeln Steine und legen aus ihnen kleine Bilder oder Figuren. Es können auf diese Weise auch eine kleine Stein-Stadt oder Stein-Türme gebaut werden.

Wer kann den höchsten Turm bauen?

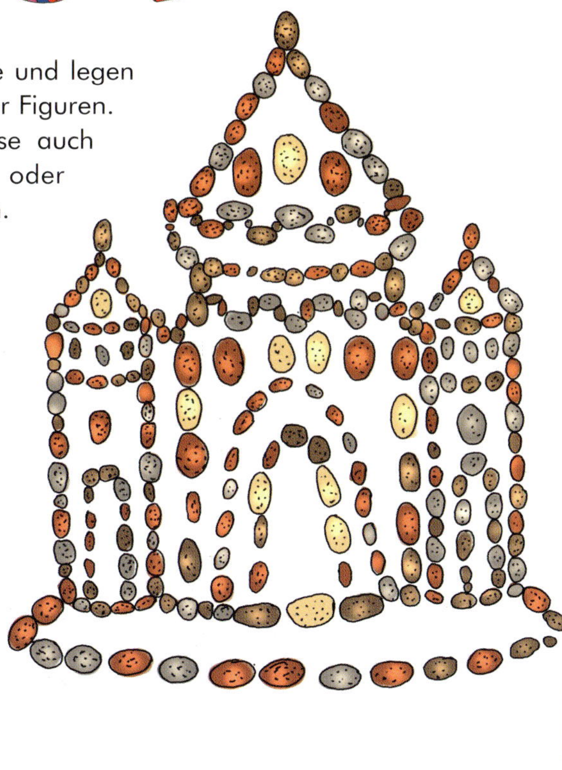

ZIELSTEINWURF

Ein Stein wird als Zielstein geworfen. Nun versuchen die Kinder, mit ihren selbst gesammelten Steinen so nah wie möglich an den Zielstein zu werfen.

WALDBILDER

Aus Stöckchen werden Tiere (Rehe, Hasen, Fuchs etc.), Bäume, Hochstände und weitere Waldgegenstände gelegt oder gebaut.

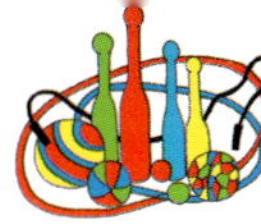

MANDALAS

Die Kinder sammeln im Wald verschiedene Gegenstände, zum Beispiel Eicheln, Rinde, Zweige, Blätter, Zapfen usw.

Aus diesen verschiedenen Materialien legen sie dann Mandalas.

FLUGTAG

Die Kinder falten Papierflugzeuge und lassen sie fliegen. Dann versuchen sie, ihr Flugzeug auf einer bestimmten Fläche landen zu lassen.

Wessen Flugzeug fliegt am höchsten? Wer kann es eine Kurve fliegen lassen? Wessen Flugzeug kann direkt über dem Boden entlanggleiten?

RETTET DAS SCHIFF

Die Kinder falten aus Papier Schiffchen.

Danach testen sie die Seetauglichkeit: Welches Schiff schwimmt auf der Pfütze?

Mit einem Röhrchen oder Strohhalm können die Kinder ihr Schiff auch antreiben.

HIMMEL UND HÖLLE

Dieses altbekannte Kinderspiel lässt sich sehr gut im Wald mit Naturmaterialien spielen. Hierfür wird mit Stöcken das Himmel-und-Hölle-Hüpffeld gelegt. Je nach Untergrund kann es auch mit Stöcken in den Boden geritzt werden.

Mit Steinen, Eicheln, Kastanien oder Zapfen wird in das erste Feld geworfen: Dieses Feld wird dann übersprungen. Auf dem Rückweg wird der Stein wieder aufgehoben.

In der nächsten Runde wird der Stein in das zweite Feld geworfen, in das dann nicht gehüpft werden darf usw.

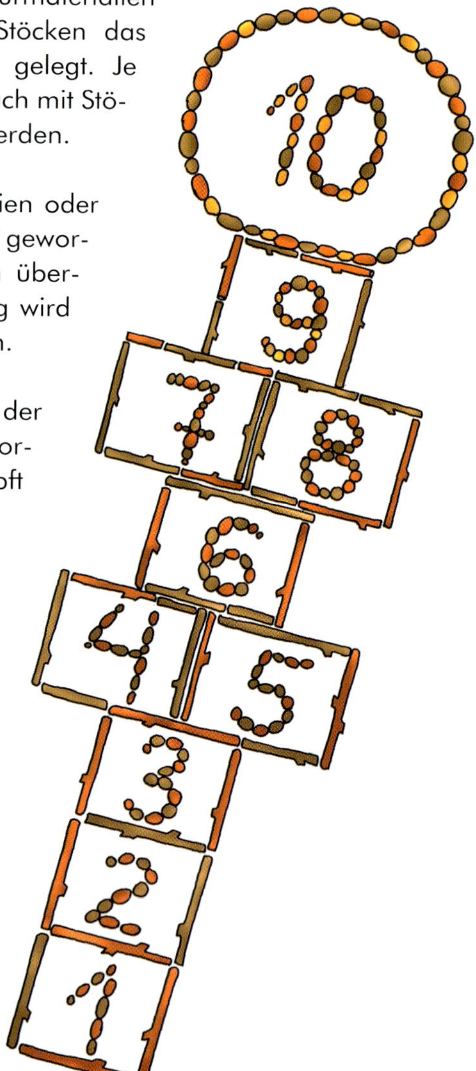

SPRINGMAUS

Für dieses Spiel werden Stöcke in bestimmten Abständen auf den Boden gelegt.

Die Aufgabe ist nun, verschiedenen Formen zu finden, wie über die Stöcke gesprungen werden kann: beidbeinig, einbeinig, rückwärts, seitwärts, als Hase, Frosch, Maus, Tiger... In der Regel haben die Kinder hier eine Menge eigener Ideen!

STARKE KINDER

Es wird ein Baumstamm ausgesucht, der dann von den Kindern eine bestimmte Strecke, die vorher festgelegt wird, transportiert werden soll.
Es bietet sich an, dieses Spiel als Wettspiel mit zwei oder mehreren Mannschaften zu spielen.

KLETTERMAXE

Für diese Aktion sucht die Gruppe einen Baum, der gut zum Klettern ist. Die Kinder versuchen die unterschiedlichsten Formen zu finden, wie der Baum erklettert werden kann. Dann werden die verschiedenen Arten von jedem ausprobiert.

WAS FEHLT?

Die Kinder suchen einige Gegenstände im Wald. Es werden je nach Alter 5-10 Gegenstände hingelegt, die sich die Kinder anschauen. Dann wird eine Decke darüber gelegt.

Ein Gegenstand wird weggenommen, ohne dass die Kinder diesen sehen. Die Decke wird kurz gehoben und wieder abgelegt. Nun sollen die Kinder raten, welcher Gegenstand wohl fehlt.

Grossgeräte für die Kleinsten

Auf den folgenden Seiten sind Stationen dargestellt, die sich hauptsächlich für den Einsatz im Bereich des Eltern-Kind-Turnens eignen.

Zur einfachen Umsetzung ist jeder Station eine Seite gewidmet. Die entsprechenden Seiten können so kopiert und den Eltern als Aufbauhilfe an die Hand gegeben werden.

EICHHÖRNCHENSTAMM

– Idee: Heike Schnoor –

MATERIAL:

- Bank
- (kleiner) Kasten
- Matte

AUFBAU:

Eine Bank wird mit einem Ende auf einen (im Eltern-Kind-Bereich kleinen!) Kasten gestellt. Hinter dem Kasten liegt eine Matte.

AUFGABE:

Das Eichhörnchen balanciert die Schräge hinauf und kann am Ende auf die Matte runterspringen.

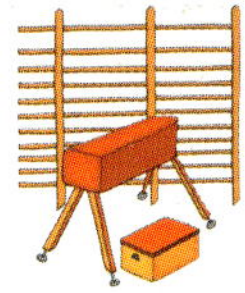

FUCHSBAU

– Idee: Heike Schnoor –

MATERIAL:

- Bank
- Matten

AUFBAU:

Die Matten werden zwischen eine Wand und der Bank wie ein Tunnel eingeklemmt.

AUFGABE:

Der Fuchs kann durch den Fuchsbau krabbeln.

SPINNENNETZ

– Idee: Heike Schnoor –

MATERIAL:

- Sprossenwand
- Kästen
- Wollfaden

AUFBAU:

Mit einem Wollfaden wird ein Spinnennetz an der Sprossenwand und um die Kästen gelegt. Man kann mit Kreppband den Klebefaktor noch mehr hervorheben.

AUFGABE:

Die Spinnen kriechen, klettern und krabbeln durch das Spinnennetz hindurch, ohne das Netz zu verletzen. Wer schafft es, durch das Netz zu gelangen, ohne es zu berühren?

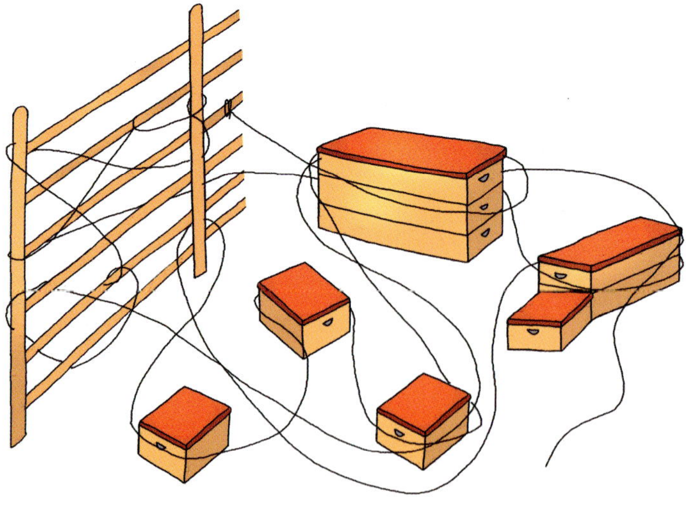

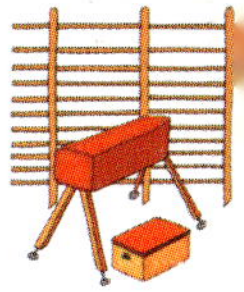

REHSPRÜNGE UND SCHLANGENWEGE

– *Idee: Heike Schnoor* –

MATERIAL:

- Matten
- Kastenteile

AUFBAU:

Kastenteile werden mit Matten auf dem Boden quer gestellt.

AUFGABE:

Die Rehe springen über die Kästen, während sich die Schlangen durchschlängeln.

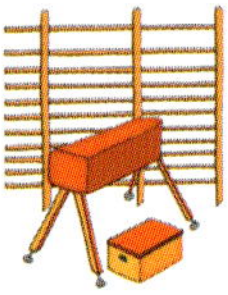

VÖGEL FLIEGEN

– Idee: Heike Schnoor –

MATERIAL:

- Ringe, Schaukel oder Trapez
- Matten

AUFGABE:

Mit einer Schaukel oder mithilfe der Ringe können die Vögel fliegen.

Bewegungs-landschaften

Dieses Kapitel richtet sich vornehmlich an Kindergruppen im Grundschulalter, da die Bewegungslandschaften an und mit Großgeräten thematisch an den Unterrichtsstoff der Grundschule angelehnt sind.

Dies heißt aber nicht, dass diese Bewegungslandschaften ausschließlich im Schulsport durchgeführt werden können – auch im Vereinsturnen ist der Spaß der Kinder garantiert! Lässt man den inhaltlichen Bezug weg, können viele Aufbauten selbstverständlich auch für jüngere Kinder attraktiv sein.

„Im Mattiswald" nennt sich die Gerätelandschaft, die den geheimnisvoll-spannenden Wald aus Astrid Lindgrens Klassiker „Ronja Räubertochter" in die Turnhalle holt. Mit Ronja und Birk geht es über die Wolfsklamm zur Bärenhöhle. Nachzulesen ist der Aufbau auf den Seiten 52-58.

Für die Übertragung sachunterrichtlicher Themen des dritten und vierten Schuljahres in den Sportunterricht eignet sich der „Sauerstoff-Transport" auf den Seiten 59-62.

„Sagaland" ist ein bekanntes Brettspiel. Hier werden auf den Seiten 63-66 zwei Vorschläge gemacht, wie dieses Spiel in der Turnhalle eingesetzt werden kann.

IM MATTISWALD

– Idee: Susanne Jung –

VORÜBERLEGUNGEN:

„Ronja Räubertochter“ ist ein Kinderbuchklassiker von Astrid Lindgren, der vielen Kindern (und Übungsleitern) bekannt ist. Dennoch ist es empfehlenswert, zu Stundenbeginn kurz den Inhalt des Buches zu erzählen oder mithilfe der Kinder, die die Geschichte kennen, erzählen zu lassen. Schön ist es auch, hierfür das Buch mitzubringen, da die Kinder meistens viele Assoziationen dazu haben.

RAHMENHANDLUNG:

Die Geschichte handelt von der Räubertochter Ronja, die inmitten der Räubersippe, angeführt von ihrem Vater Mattis, aufwächst.

Die Mattis-Sippe ist seit Generationen verfeindet mit der benachbarten Borka-Sippe, doch Ronja freundet sich ausgerechnet mit dem Sohn von Mattis Erzfeind Borka an – mit Birk.

Ronja und Birk sind füreinander da und retten sich mehrmals gegenseitig das Leben. Nach einem Winter der Trennung beschließen sie, im Frühling zusammen in die Bärenhöhle im Wald zu ziehen. Dort verbringen sie gemeinsam den Sommer.

Diese Sequenz soll mit den Stationsaufbauten nachgespielt werden.

HINWEISE ZUR UMSETZUNG:

Die hier vorgestellten Stationen sind als exemplarische Beispiele zu verstehen – nicht alle Hallen verfügen über eine derartig gute Materialausstattung. Daher ist es sinnvoll, sich für jede Turnstunde zu diesem Thema ein oder zwei Stationen herauszugreifen und diese dann mit Stationen mit Kleinmaterial zu ergänzen. Hierfür können auch Stationen und Ideen aus anderen Kapiteln dieses Buches hinzugenommen werden.

EINSTIEG IN DIE STUNDE:

„Sicher kennen einige von euch das Buch ‚Ronja Räubertochter'. Nachdem Ronja und ihr Freund Birk im Winter so lange voneinander getrennt waren, beschließen sie, den Sommer gemeinsam im Wald zu verbringen. Und dieses Sommerquartier der beiden wollen wir heute in die Turnhalle holen … Welche Stationen könnte es da geben? …"

Die Kinder haben nun die Möglichkeit, Ideen für eigenständige Aufbauten zu entwickeln. Sie können aber auch auf die Vorgaben der Übungsleiterin, wie sie auf den folgenden Seiten vorgestellt werden, zurückgreifen.

Bärenhöhle

Material:

- Sprossenwand
- Matten
- 3-4 Bänke
- Niedersprungmatte oder Weichboden
- Parallelbarren
- eventuell Fallschirm

Aufbau:

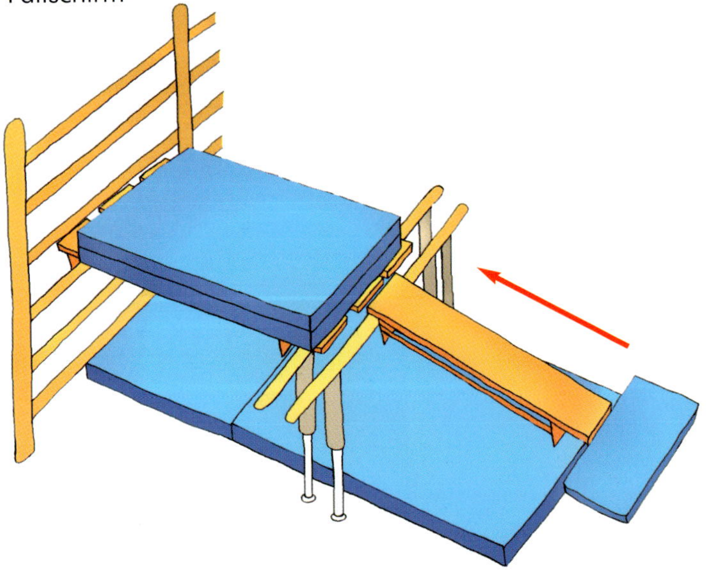

In der Bärenhöhle oben auf der Anhöhe verbringen Ronja und Birk den Sommer. Hier kochen, schlafen, spielen sie. Von dort aus hat man einen guten Ausblick über den Fluss und den Wald. Kannst du auch auf den Hügel klettern?

Hinweis: Die Kinder dürfen an dieser Station aus Sicherheitsgründen nur von unten nach oben (siehe Pfeil) turnen!!!

Fischfang am Fluss

Material:

- Matten
- Kastenoberteile
- Bänke und/oder (Übungs-)Schwebebalken
- Magnet-Angel
- Magnet-Fische

Aufbau:

Ronja und Birk angeln jeden Tag am Fluss, denn sie brauchen zum Überleben Fisch.

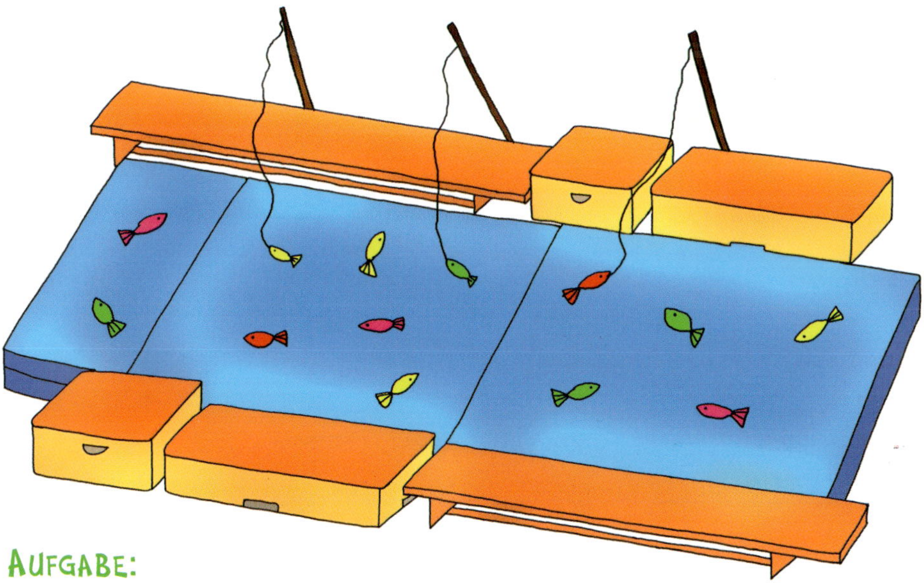

Aufgabe:

Die Unterschenkel liegen auf der Bank oder den Kästen, Stütz der Arme auf den Matten. Nun können mit den Angeln Fische gefischt werden.

HÖLLENSCHLUND

MATERIAL:

- Kästen
- Weichböden und/oder Niedersprungmatten
- Matten
- Kreppband oder Magnesia zum Markieren der „Sprungzonen"

AUFGABE:

Der Höllenschlund ist eine gefährliche, tiefe Schlucht, die die Mattisburg seit jener Gewitternacht, in der Ronja geboren wurde, in der Mitte teilt. Ronja und Birk müssen den Höllenschlund überwinden, wenn sie zueinander wollen.

Kannst du auch vom Kasten bis zum Mattenberg springen?

AUFBAU:

HÜGEL DER GRAUGNOME

MATERIAL:

- Sprossenwand (alternativ: Parallelbarren)
- Matten
- Bänke

AUFGABE:

Vor den Graugnomen müssen sich Ronja und Birk in Acht nehmen – also Vorsicht, dass euch die Graugnome nicht zu nah kommen!

AUFBAU:

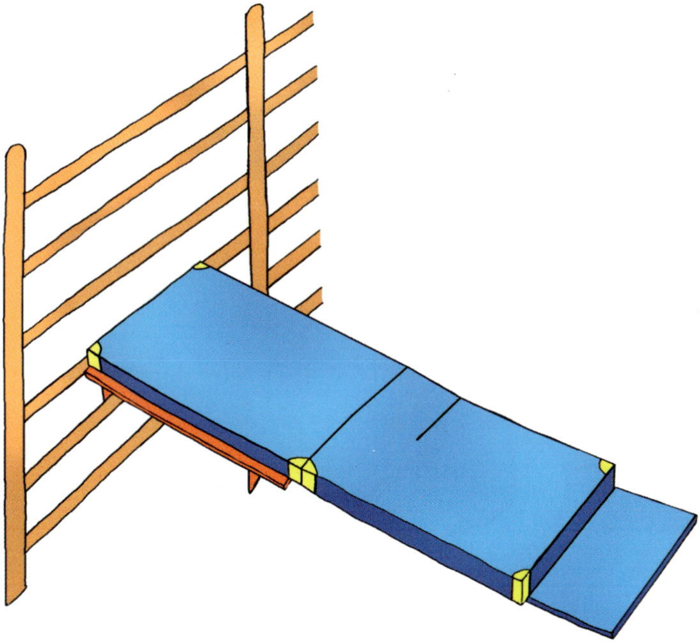

Wasserfall

Material:

- Kletterwand
- 2 Weichböden
- Matten

Aufgabe:

Als Ronja vor den Wilddruden fliehen muss, stürzt sie in den Fluss, der in den gefährlichen Wasserfall übergeht.

Traust du dich auch, in den Wasserfall zu stürzen?

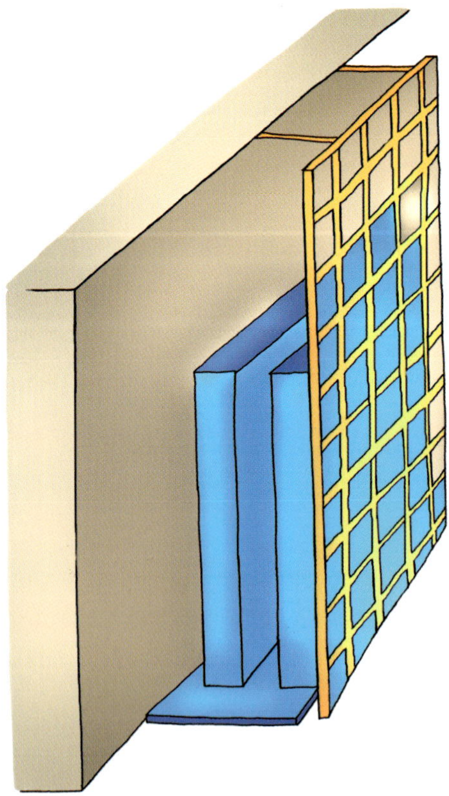

SAUERSTOFF-KREISLAUF

– Idee: Susanne Jung –

ALLGEMEINE VORÜBERLEGUNGEN:

Das Thema „Wald" ist ein Thema, das in der Grundschule im Sachunterricht auf verschiedenen Ebenen in den einzelnen Jahrgangsstufen behandelt wird. In den Klassen 3/4 wird auch auf die Sauerstoffproduktion der Bäume eingegangen. Die hier vorgestellte Spielidee soll das Wissen der Kinder in diesem Bereich festigen und vertiefen.

MATERIAL:

- Seile (als Wurzeln, Äste, Wolken)
- Schwebebalken (als Stamm)
- Übungsbalken (als Stamm)
- Parallelbarren (als Äste)
- Matten
- kleine Kästen
- Bänke (als Äste)
- Aerosteps® (als Blätter)
- Kartons
  (zum Sammeln der Kleinmaterialien)
- Kronkorken oder andere Kleinmaterialien
  (als Sauerstoff)
- Bierdeckel (als Wasser/Nährstoff)
- Zuckertütchen

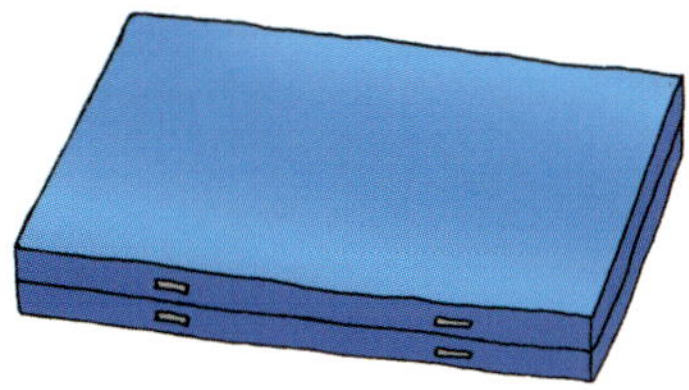

Schematische Darstellung des Sauerstoff-Austauschs

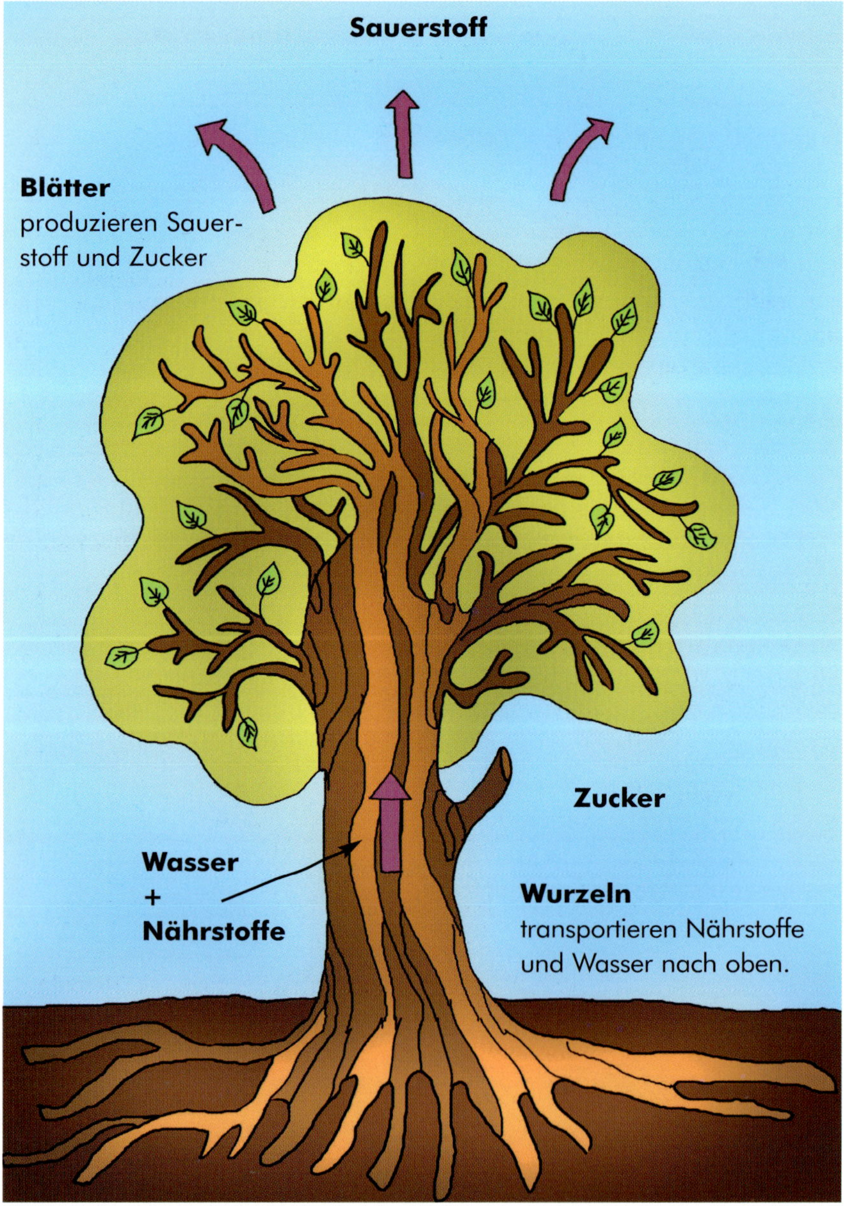

GERÄTEAUFBAU

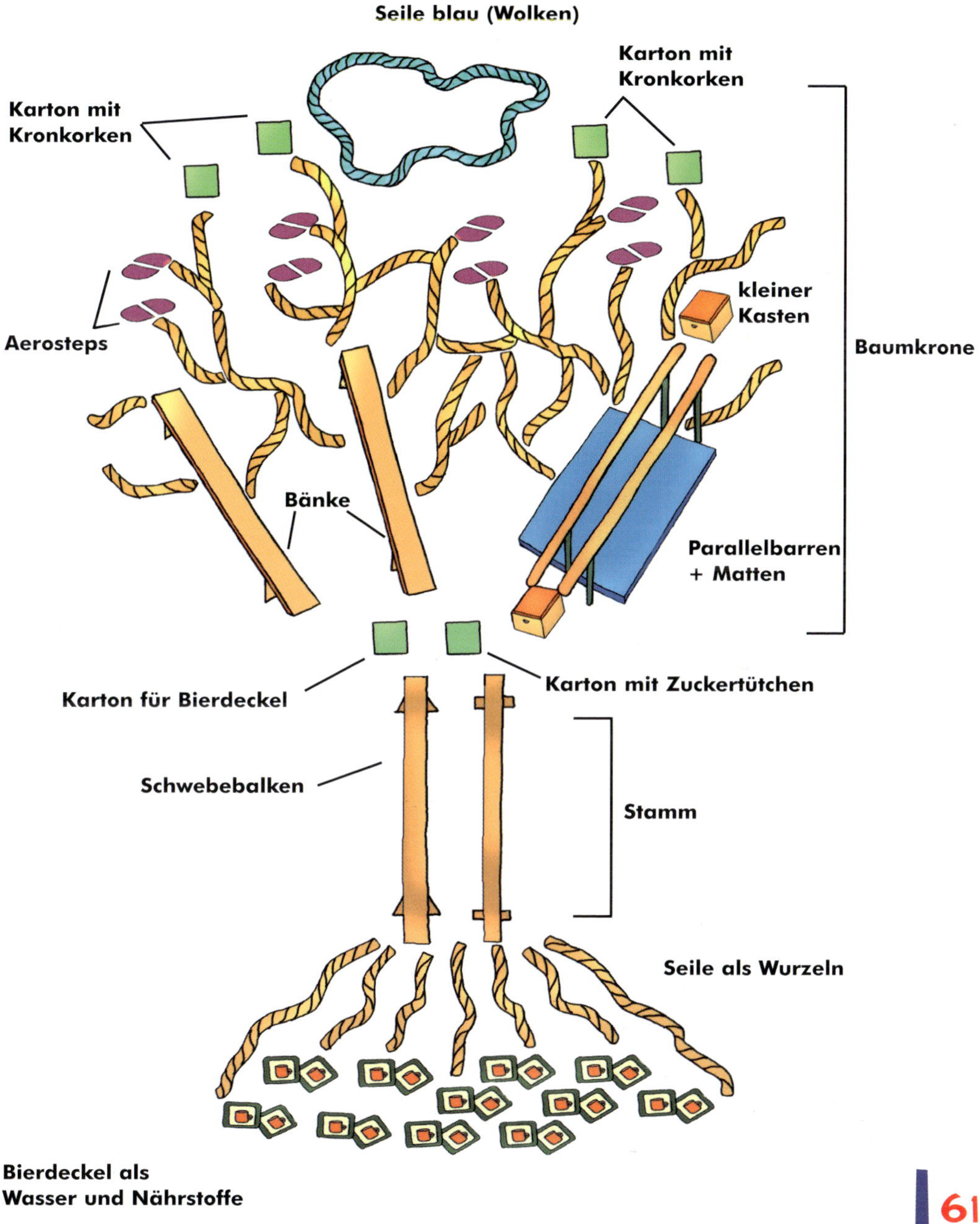

Spielbeschreibung

Die Kinder nehmen sich an den Wurzeln einen Bierdeckel („Wasser") und transportieren ihn über den „Baumstamm". Zur Differenzierung sollten hier zwei unterschiedliche Höhen aufgebaut werden. Am Ende des „Stammes" legen die Kinder den Bierdeckel in einen Karton. Nun können sie entscheiden, wie sie weitergehen: entweder sie werden zu Zucker oder zu Sauerstoff.

Die Zucker-Kinder nehmen sich aus dem Karton ein Zuckertütchen, legen es auf den Kopf oder Arm und balancieren es durch den Stamm zurück zu den Wurzeln. Sie können zunächst auch mit dem Zuckertütchen durch das „Geäst" gehen, bevor sie den Rückweg zu den Wurzeln antreten.

Entscheiden sich die Kinder für Sauerstoff, laufen sie auf dem Geäst nach außen zu den Blättern. Dort nehmen sie sich einen Kronkorken als Sauerstoff aus der Kiste und laufen damit eine Runde in der Halle, bevor sie den Sauerstoff in die Wolke am Ende der Halle legen.

Vereinfachte Umsetzung mit jüngeren Kindern:

In dem Baum befinden sich Nester (Reifen in verschiedenen Farben). Die Kinder transportieren nun die Nahrung (verschiedenfarbige Bierdeckel oder farbige Plastikdeckel von Tetrapackverpackungen) zu den Nestern.

SAGALAND

– Idee: Susanne Jung –

„Sagaland" ist ein Brettspiel aus den 1980er Jahren. Auf dem Spielbrett stehen Bäume, auf deren Unterseite Märchenmotive abgebildet sind. Im Schlosshof liegt immer eines dieser Motive aufgedeckt, welches gesucht werden muss. Nun werden heimlich Motive erkundet. Wer es schafft, zuerst zum Schloss zu gelangen, darf zeigen, unter welchem Baum das Motiv versteckt ist. Gewonnen hat, wer die meisten Bäumchen den Motivkarten richtig zuordnen konnte.

Im Folgenden werden zwei Möglichkeiten aufgezeigt, wie dieses Brettspiel in der Turnhalle „bewegt" gespielt werden kann.

VARIANTE A:

Diese Variante dient der Schulung der Ausdauer.

MATERIAL:

- Brettspiel „Sagaland"
- motivierende Laufmusik

DURCHFÜHRUNG:

Das Spiel wird entsprechend der Spielanleitung gespielt. Nachdem die Spielfigur gesetzt wurde, muss die erwürfelte Augenzahl in Runden erlaufen werden.

VARIANTE B:

Diese Variante dient der Kräftigung der Muskulatur der oberen Extremitäten wie Arme, Schultern und Rücken.

MATERIAL:

- Brettspiel „Sagaland"
- Würfel in zwei unterschiedlichen Farben
- Pylonen zur Markierung
- Teppichfliesen
- Rollbrett
- Parallelbarren
- Matten
- kleine Kästen
- Kastenoberteil
- Schwämme, Wäscheklammern, Kronkorken o. Ä. zum Sortieren
- Kartons oder Joghurtbecher zum Sortieren
- Säckchen o. Ä. zum Transportieren
- Taue
- Bänke
- Reifen als „Ziel"

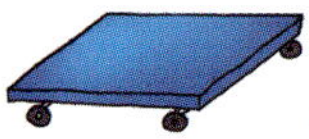

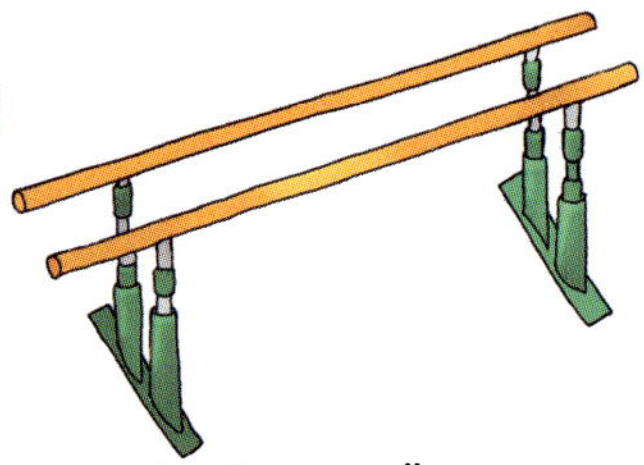

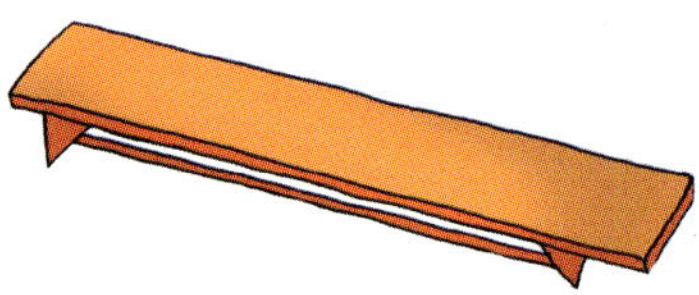

DURCHFÜHRUNG:

Das Spiel wird in der Hallenmitte aufgebaut. Gespielt wird nach den vorgegebenen Spielregeln. Die Kinder würfeln mit zwei Würfeln, die unterschiedliche Farben haben, zum Beispiel rot und blau. Eine Farbe zeigt an, welche Station die Kinder nach dem Ziehen des Spielsteins zu absolvieren haben: Zeigt der blaue Würfel drei Augen, muss das Kind an die Station drei gehen. Wie häufig die Station wiederholt werden muss, bevor das Kind zum Spielplan zurückkehren darf, sollte der Übungsleiter dem Leistungsstand der Kinder entsprechend festlegen.

STATIONEN:

1 Rollbrettslalom: Die Kinder liegen bäuchlings auf dem Rollbrett und fahren durch einen Slalomparcours.

2 Spinne: Im Spinnengang transportieren die Kinder „Beute“ (z. B. Säckchen) auf die andere Seite.

3 Kletterbarren: Die Kinder überwinden den Barren im Vierfüßlergang.

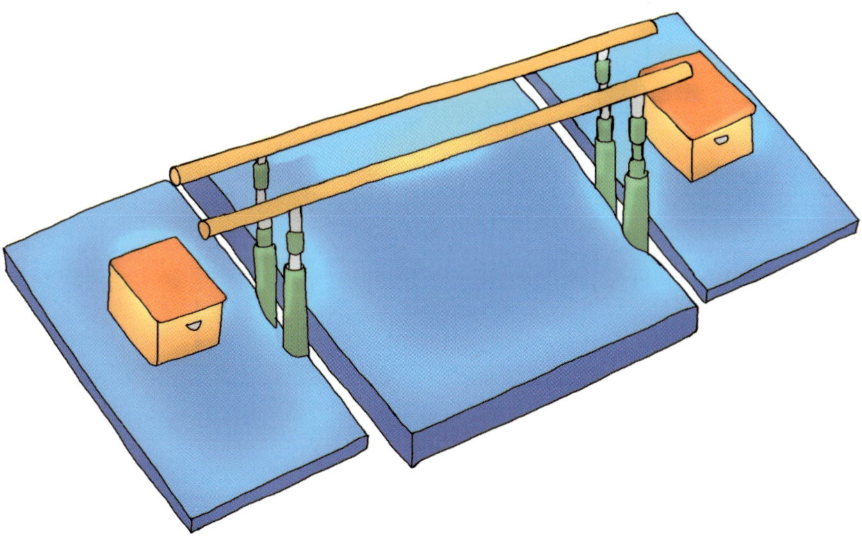

4 Kran: Die Kinder stehen auf einer Bank, klemmen sich ein Säckchen zwischen die Füße und schwingen auf die andere Seite. Dort versuchen sie, das Säckchen in die Reifen fallen zu lassen.

5 Raupe: Die Strecke (z. B. drei Meter) ist durch zwei Markierungen festgelegt. Die Hände stützen auf die eine Fliese, die Füße stehen auf der anderen. Nun muss die Strecke im Raupengang zurückgelegt werden.

6 Sortierstütze: Die Kinder gehen in Liegestützposition und haben die Aufgabe, das Material in die entsprechenden Kisten oder Dosen zu sortieren. Wichtig: Auf die richtige Ausführung der Kinder achten. Der Rücken darf nicht durchhängen, Unterschenkel liegen auf dem Kastenoberteil.

Kleine Spiele

Die vorgestellten Spiele lassen sich fast alle sowohl in der Turnhalle als auch im Wald durchführen.

Auch hier war es uns ein Anliegen, Waldmaterialien einzusetzen.

Einige Spiele, wie zum Beispiel „Eichhörnchen" oder „Blätter-Früchte-Memory", eignen sich hervorragend, um damit sachunterrichtliche Themen zu vertiefen. Doch auch ohne schulischen Bezug ist der Spaß garantiert!

EICHHÖRNCHEN

– Idee: Susanne Jung –

MATERIAL:

- Nüsse

RAHMENHANDLUNG:

Im Herbst, wenn die Nüsse reif sind, sammeln die Eichhörnchen Nüsse. Sie verstecken diese Vorräte überall im Wald, um sie im Winter zu suchen, wenn es keine andere Nahrung mehr gibt. Dieses Verhalten der Eichhörnchen wird in dem Spiel umgesetzt.

SPIELBESCHREIBUNG:

Die Kinder werden in zwei Gruppen eingeteilt: Etwa zwei Drittel der Kinder sind die Eichhörnchen, die anderen sind die Nussräuber.

Die Eichhörnchen erhalten 10 Nüsse, die sie im umliegenden Gebiet als Wintervorrat verstecken sollen. Die Nussräuber beobachten das Verstecken der Eichhörnchen.

Sind alle Nüsse versteckt, kommen die Eichhörnchen wieder zum Startpunkt zurück.

Nun erzählt die Übungsleiterin eine Geschichte:

„Es waren einmal drei kleine Eichhörnchen, die im Winter plötzlich ganz großen Hunger verspürten. Also machten sie sich auf die Suche nach genau drei Nüssen."

Die Kinder laufen los und suchen drei Nüsse. Haben sie die genaue Anzahl gefunden, kommen sie zum Startpunkt zurück. Nach einem Augenblick pfeift die Übungsleiterin und alle Kinder beenden diese Suchphase. Für jede genau gefundene Anzahl erhält die jeweilige Gruppe (Eichhörnchen oder Nussräuber) einen Punkt.

„Oma Eichhorn will einen leckeren Nusskuchen backen. Dafür braucht sie genau zwei Nüsse!"

Nun suchen die Kinder zwei Nüsse, der weitere Ablauf bleibt bestehen.

„Mama Eichhorn will für die ganze Eichhornfamilie Mittagessen kochen. Für jedes Familienmitglied braucht sie eine Nuss: Papa, Mama und die beiden Kinder. Wie viele Nüsse muss Mama Eichhorn suchen?"

Am Ende des Spiels kann über die verschiedenen Strategien der Eichhörnchen bzw. der Räuber gesprochen werden.

TURMBAU ZU BABEL

– Idee: Susanne Jung –

Vier bis sechs Kinder bilden eine Mannschaft.

Die Mannschaften haben die Aufgabe, Äste und kleine Baumstämme zu suchen, um damit einen möglichst hohen Turm zu bauen.

Den Kindern sollte zunächst freigestellt werden, wie sie den Turm bauen.

Nach der Bauphase können die verschiedenen Strategien betrachtet und besprochen werden. Welche Methode ist die effektivste?

BLÄTTER-FRÜCHTE-MEMORY

– Idee: Susanne Jung –

MATERIAL:

- Memory-Karten (Kopiervorlage auf den Seiten 87-94)
- Blatt und Stifte für jede Gruppe

SPIELVORBEREITUNG:

Die Karten mit den Blättern werden an einer Hallenseite verdeckt hingelegt. Sie sind auf der Rückseite mit Nummern beziffert. Auf den Karten mit den Früchten stehen auf der Rückseite Buchstaben.

SPIELABLAUF:

Dieses Spiel gehört in die Gruppe der Staffelspiele. Dennoch gewinnt hierbei nicht unbedingt die Mannschaft, die körperlich die beste ist, sondern die, die am besten die Blatt-Früchte-Zuordnung kennt.

Die Kinder werden in Mannschaften aufgeteilt. Jede Mannschaft erhält Karten mit den Früchten. Diese Karten liegen verdeckt auf einem Stapel am Startpunkt. Das erste Kind nimmt sich eine Karte vom Stapel, läuft zum Hallenende und deckt dort eine Karte auf. Ist es die Karte, die zu der Frucht passt, merkt es sich die Nummer.

Diese passende Zahlen-Buchstaben-Kombination (diese geht aus der Bezeichnung auf der Rückseite hervor) wird auf das Blatt eingetragen.

Nun läuft das nächste Kind mit der zweiten Karte des Stapels los und sucht das dazugehörige Blatt-Kärtchen.

Wurde die falsche Karte umgedreht, kehrt das Kind zurück und übergibt dem nächsten Kind die Karte. Es wird so lange gesucht, bis die Gruppe die passende Karte gefunden hat.

Gewonnen hat die Mannschaft, die zuerst alle Zuordnungen gefunden hat.

Am Ende sollte verglichen werden, ob die Kinder auch die richtigen Kombinationen aufgeschrieben haben.

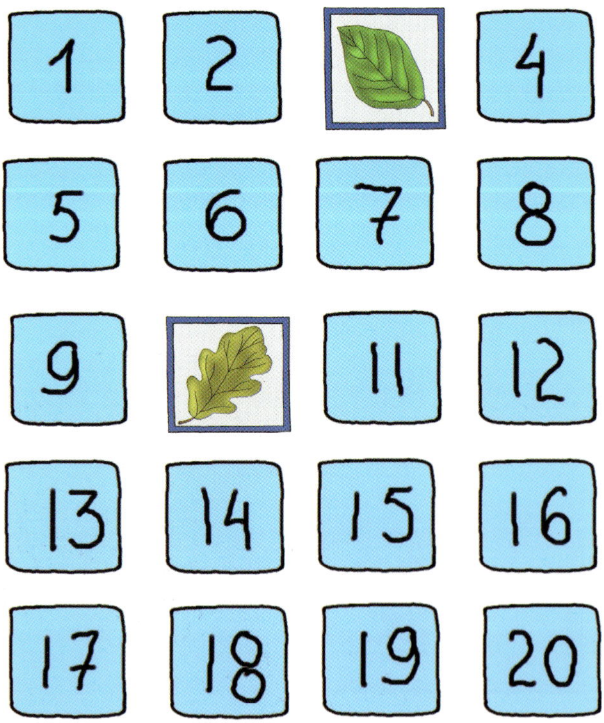

NESTSUCHE

– Idee: Michelle Lieberum –

MATERIAL:

- Tücher zum Abdecken der Nester
- Waldmaterial zum Nestbau

SPIELVORBEREITUNG:

Die Kinder sammeln Material wie getrocknetes Gras, kleine Äste, Laub etc. Dann bauen sie daraus ein Nest und suchen dafür einen geeigneten Platz, zum Beispiel am Gebüsch, zwischen Wurzeln, im Schutz eines großen Steines ...

SPIELABLAUF:

Jedes Kind stellt sich zu Beginn des Spiels neben sein Nest. Nun ruft der Übungsleiter „Nestsuche“ und alle Kinder wechseln die Nester.

Nach einigen Durchgängen wird ein Nest mit einem Tuch abgedeckt, somit ist ein Nest weniger im Spiel. Das Kind, das bei der nächsten „Nestsuche“ leer ausgeht, darf beim nächsten Durchgang „Nestsuche“ rufen.

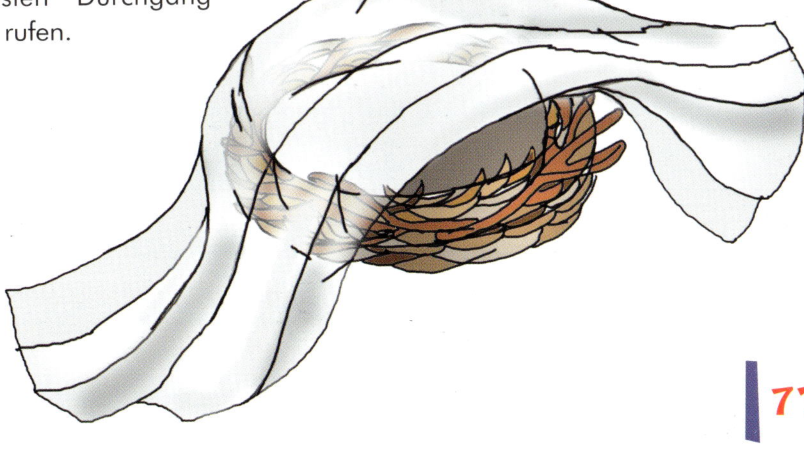

BÄUME ERWECKEN

– *Idee: Michelle Lieberum* –

Die Kinder verwandeln sich in Bäume und stellen damit den Wald dar. Zwei oder drei Kinder verkörpern Sonnenstrahlen und gehen durch den „Wald“.

Die Sonnenstrahlen reiben kräftig mit den Händen über die Rinde der Bäume, um sie aufzuwecken. Sind die Bäume wach, dürfen sie den Sonnenstrahlen helfen, die anderen Bäume aufzuwecken.

HINWEIS:

Bei diesem Spiel wird die Wahrnehmung des eigenen Körpers aktiviert. Für manche Kinder ist diese Form von Körperkontakt bereits (oder noch) zu intensiv. Anstelle des Reibens mit den Händen könnte man hier ein Tuch verwenden, das über die Haut gestreift wird.

SPINNENNETZ

– Idee: Michelle Lieberum –

MATERIAL:

- Wollknäuel

SPIELABLAUF:

Alle Kinder und die Übungsleiterin stellen sich in einem großen Kreis auf. Die Übungsleiterin hat ein Wollknäuel in der Hand. Sie hält das Fadenende fest und rollt einem Kind das Knäuel zu. Das Kind hält den Faden fest und rollt dann das Knäuel zu einem neuen Kind. So wird weiter verfahren, bis alle Kinder beteiligt sind und ein großes Spinnennetz entstanden ist.

Die Kinder halten das Netz gut fest und senken es gemeinsam langsam bis zum Boden ab. Je zwei Kinder dürfen das Spinnennetz überqueren, natürlich müssen sie versuchen, dabei die Fäden nicht zu berühren.

Anschließend halten alle Kinder das Netz wieder gemeinsam in der Hand. Sie bewegen es auf und ab, hin und her, wie in einer Windböe. Sie bewegen es immer stärker, bis es reißt und die Spinne sich ein neues Netz bauen muss.

WIR BAUEN UNS EINEN WALD

– Idee: Heike Schnoor –

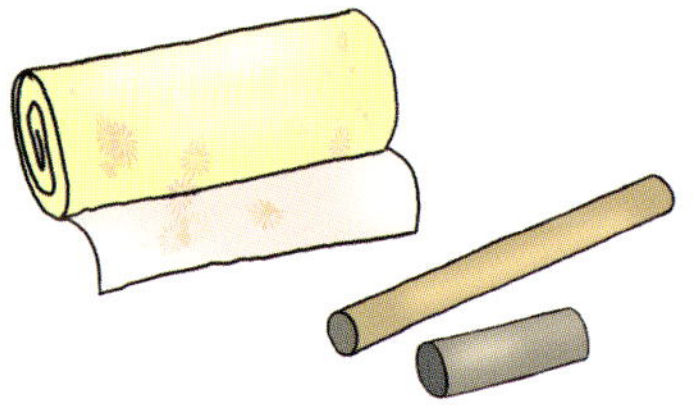

MATERIAL:

- Papprollen
  (Klopapierrollen, Küchenrollen u. Ä.)
- Pappdeckel
- Seil o. Ä. als Markierung

SPIELABLAUF:

Viele Papprollen und Pappdeckel werden in einer Kiste an eine Hallenseite gestellt. Auf der anderen Hallenseite wird mit einem langen Seil o. Ä. ein „Waldgebiet" markiert.

Aufgabe der Kinder ist es nun, jeweils eine Rolle als Baum oder Blütenstängel oder einen Pappdeckel (Blüte) zu nehmen und diese in ein Gebiet, was vorher mit einem Seil als Waldgrundstück markiert wurde, hinzustellen.

Sie laufen zurück, holen die nächste Rolle usw., bis alle Rollen aufgestellt und die Deckel als Blüte auf die kleineren Rollen gelegt wurden.

Wenn der Wald fertig ist, machen alle einen Waldspaziergang und schauen, ob die Bäume vielleicht zu eng stehen oder es dürfen besonders große Bäume gebaut werden, bis alle Kinder zufrieden sind mit ihrem Wald.

Jetzt wird über die Tiere im Wald gesprochen und die Kinder bewegen sich als Tiere im Wald, ohne die Bäume oder Blumen umzuwerfen. Passiert das doch, wird der Baum schnell wieder aufgebaut. So hüpfen nun die Hasen, springen die Rehe, krabbeln die Käfer, schlängeln sich die Schlangen, fliegen die Vögel, grunzt die Wildsau und pirschen die Jäger durch den Wald …

Attraktive Aktion

Das Thema „Wald" eignet sich in besonderem Maße als Aufhänger für eine „attraktive Aktion" – sei es als Waldtag für die Kinder oder als Familien-Aktion.

Im Folgenden werden Beispiele zur Durchführung eines Waldtages für Kinder aufgezeigt.

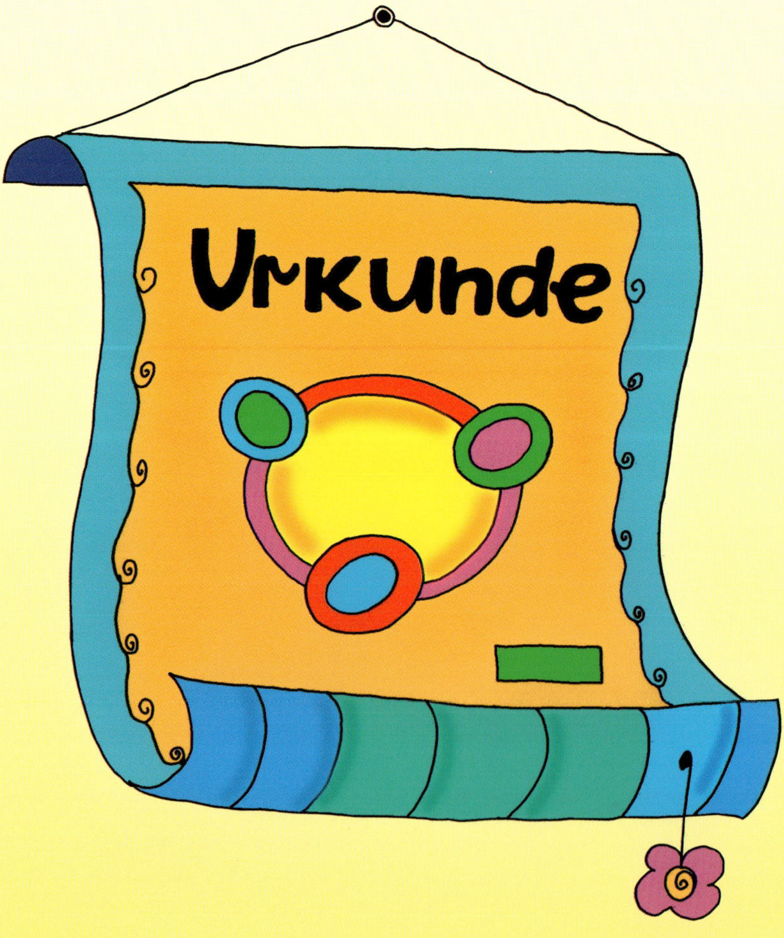

WALDTAG FÜR KINDER

Ein solcher Waldtag kann unter verschiedenen Zielsetzungen stattfinden. In jedem Fall ist es empfehlenswert, vor der Durchführung Kontakt mit dem zuständigen Forstbeamten aufzunehmen. In der Regel gibt es für jeden Forstbezirk auch einen Waldpädagogen, der in die Planung und Durchführung (zumeist kostenfrei!) einbezogen werden kann und der wertvolle Tipps geben kann.

Eine Möglichkeit für die Durchführung eines Waldtages ist, ihn als **Bewegungstag** anzusetzen. Ziel ist es dann, den Kindern den Wald als Bewegungsraum erfahrbar zu machen und ihnen Spiel- und Bewegungsmöglichkeiten zu eröffnen.

Denkbar ist es auch, die Kinder in einem Wettbewerb in verschiedenen Gruppen in einer „Waldrallye" gegeneinander antreten zu lassen.

Es muss den Kindern jedoch bewusst gemacht werden, dass im Wald viele Tiere leben, die nicht gestört werden wollen!

Folgende Aufgaben könnten den Kindern im Wald gestellt werden:

- Balanciert über den Baumstamm!
- Klettert auf den Baum! (maximale Höhe festlegen!)
- Springt über den Graben!
- Sammelt fünf verschiedene Blätter!
- Sammelt verschiedene Früchte!
- Zählt die Bäume auf dem markierten Gelände!
- Baut euch ein Baum-Tipi!

Hier sollten oder könnten auch sämtliche Spiele, wie sie in diesem Buch vorgestellt werden, in die Planung einfließen.

Ein Waldtag kann auch unter dem Aspekt der **Wissensvermittlung** im weiteren Sinne stattfinden.

Besonders für diese Art der Durchführung ist die Kooperation mit einem Waldpädagogen erfahrungsgemäß sinnvoll.

So können im Wald in einem gut überschaubaren Waldstück verschiedene Stationen aufgebaut werden, die die Kinder dann gruppenweise zu durchlaufen haben.

Diese Stationen könnten sein:

- verschiedene Bäume erkennen (anhand ihres Stammes, der Blätter und/oder der Baumrinde)
- waldfremde Dinge erkennen (Müll auf einem Waldstück erkennen und einsammeln)
- Bodenuntersuchung mit Becherlupen
- eine Station zu Tieren des Waldes (Information über Rehe, Wildschweine, Hirsche ...)
- Vogelstimmen erkennen

Einen solchen Waldtag runden verschiedene Spiele, wie sie in diesem Buch zusammengetragen wurden, ab.

Kreativecke

Die *Kreativecke* bietet dieses Mal verschiedene Bastelideen aus Naturmaterialien, die man mit Kindern durchführen kann. Während sich die Kastanien-Eichel-Figuren und die Blätter-Gesichter eher für jüngere Kinder eignen, sind Schraffurbilder und Blätter-Mobile-Basteleien für die älteren Kinder im Grundschulalter geeignet.

Die Memory-Vorlage ist als Materialhilfe für die Übungsleiterin gedacht. Selbstverständlich können aber auch Kinder ein solches Memory herstellen.

SCHRAFFUR-BILDER

– Idee: Susanne Jung –

MATERIAL:

- Gegenstände aus dem Wald
- Blätter
- Buntstifte

Die Kinder sammeln im Wald kleine Gegenstände – Blätter, kleine Äste und Zweige, verschiedene Blätter…

Sie legen die Gegenstände unter ein Blatt Papier und schraffieren nun mit Buntstiften darüber.

Ältere Kinder können die Gegenstände auch so anordnen, dass daraus kleine Tiere oder Figuren entstehen.

BLÄTTER-MOBILE

MATERIAL:

- verschiedene Blätter
- festeres weißes Papier
- Buntstifte
- Bast

Die verschiedenen Blätter bzw. Blattformen dienen den Kindern als Vorlage für ihr Blätter-Mobile:

Sie zeichnen die Blattumrisse auf das Papier und malen sie entsprechend mit Buntstiften an. Auch für das Anmalen können die echten Blätter als Vorlage dienen, um möglichst originalgetreu die Blätter zu gestalten.

Nach dem Malen schneiden sie ihre Blätter aus und befestigen sie an einer Bastschnur zu einem Mobile.

KASTANIEN-EICHEL-FIGUREN

MATERIAL:

- Kastanien
- Eicheln
- Bucheckern
- Streichhölzer
- kleiner Schraubendreher o. Ä. zum Löcherbohren
- Holzleim

Die Kinder sammeln im Wald Kastanien, Bucheckern und Eicheln.

Aus diesen Waldfrüchten bauen sie Tiere: In die Kastanien werden Löcher gebohrt, in die sie die Streichhölzer stecken können, mit denen sie verschiedene Gegenstände zu einem Tier verbinden.

BLATT-GESICHTER

MATERIAL:

- Eicheln
- Bucheckern
- Blätter (möglichst viele verschiedene Formen und Größen)
- Flüssigkleber oder Tapetenkleister
- Papier

Die Kinder sammeln die benötigten Materialien bei einem Waldspaziergang. Die Blätter sollten vor dem Basteln möglichst trocken sein, sie müssen aber nicht unbedingt gepresst werden.

Nun legen die Kinder aus den Materialien lustige Gesichter, die sie anschließend auf ein Blatt Papier kleben können.

BLÄTTER-FRÜCHTE-MEMORY

Aus dieser Vorlage kann ein Blätter-Früchte-Memoryspiel hergestellt werden. Dieses kann im ursprünglichen Sinne gespielt werden. Es kann aber auch in einer „bewegten“ Form in der Halle oder im Wald gespielt werden.

Darüber hinaus kann das Memory gut zur Gruppeneinteilung bzw. Partnerfindung eingesetzt werden, wenn man Gruppen oder Paare nach dem Zufallsprinzip benötigt.

LINDE

KASTANIE

FICHTE

KIEFER

AHORN

BIRKE

BUCHE

EICHE

Kastanien

Lindenblüten

FICHTENZAPFEN

KIEFERNZAPFEN

AHORNFRÜCHTE
(FLÜGEL)

BIRKEN-FRUCHT
(SCHWÄNZCHEN)

FRUCHTSCHALEN BUCHECKERN

EICHELN

LITERATUR

Grüger, Constanze & Weyhe, Susanne (2007): *Kinder in Bewegung mit Naturmotorik*. Ökotopia. München.

WEITERFÜHRENDE INFORMATIONEN SIND ZU FINDEN IN:

Breithecker, Dieter (2005): Bewegungsraum Natur – eine attraktive Alternative zu normierten Bewegungsstätten. In BAG (Hrsg.), Tips & Tops, Teil 1. 3. Auflage. Wiesbaden.

Höhere Forstbehörde (1995) (Hrsg.), *Gestatten, Eiche. Mit Kindern Bäume bestimmen*. Verlag an der Ruhr. Mühlheim 1995.

Neumann, Antje & Neumann, Burkhard (1999). *Waldfühlungen*. Ökotopia. 9. Auflage. München.

Saudhof, Katrin & Stumpf, Brigitta (1998). *Mit Kindern in den Wald. Wald-Erlebnis-Handbuch*. Ökotopia. München.

Wagner, Richard (2001). *Naturspielräume gestalten und erleben*. Ökotopia. München.